Fit für ... Diktate

Mein Übungsheft

3. Klasse

Text: Andrea Weller-Essers
Illustration: Guido Wandrey

TESSLOFF

Vorwort

Hallo du,

meine Ameisenfreunde und ich haben jede Menge Diktate zur Rechtschreibung in der 3. Klasse für dich: zur Groß- und Kleinschreibung und zu Lauten und Buchstaben, Wörtern und Sätzen sowie zur Zeichensetzung. Du trainierst auch knifflige Fälle der Rechtschreibung und erfährst, wie du dich ameisenstark auf Diktate vorbereitest.

So funktioniert's

Im Inhaltsverzeichnis siehst du alle Diktate mit ihren Übungsschwerpunkten. Im Kapitel „Tipps für Eltern und Kinder" gibt es Informationen zum Diktieren und Diktateschreiben. Auf den Diktatseiten werden dir Rechtschreibregeln in Lernkästen mit Beispielen erklärt. Die Lernwörter eines Rechtschreibthemas sind im Diktattext grün markiert, schwierige Wörter sind unterstrichen und können buchstabiert werden. Die gelben Längsstriche gliedern die Texte in Diktierabschnitte und markieren die Sprechpausen.

So weit, so bunt

Die lustigen Ameisensticker in der Heftmitte zeigen dir deinen Lernfortschritt. Für jede geschaffte Doppelseite schnappst du dir einen und klebst ihn auf das Ausmalbild. Sind alle Felder voll, bist du fit für Diktate.

Inhaltsverzeichnis

Rechtschreibung richtig üben

Diktate als Rechtschreibtraining

Diktate sind eine gute Möglichkeit, Rechtschreibregeln zu **üben**, Rechtschreibtricks zu **trainieren** und Gelerntes zu **festigen**. Sie helfen dabei, die individuellen Fehlerschwerpunkte Ihres Kindes herauszufinden und gezielt darauf einzugehen.

Abwechslung motiviert:

Diktate kann man auf unterschiedliche Weise üben. Ihr Kind gewöhnt sich so an die Diktatsituation. Es gibt auch alternative Diktatformen, mit denen Sie das Üben abwechslungsreich gestalten können:

Laufdiktat: Ihr Kind liest sich das Diktat genau durch und legt den Diktattext dann an einen vom Schreibplatz etwas entfernten Ort. Ihr Kind läuft dorthin, merkt sich die ersten Wörter, kehrt zu seinem Platz zurück und schreibt sie auf. Dann läuft es wieder zum Diktattext, merkt sich die nächsten Wörter usw. Zum Schluss liest sich das Kind den Text noch einmal durch und vergleicht ihn mit der Vorlage.

Dosendiktat: Ihr Kind liest sich das Diktat durch und schreibt den Text ab. Dann schneidet es die einzelnen Sätze aus und legt die Papierstreifen in der richtigen Reihenfolge vor sich hin. Nun liest es den ersten Satz durch, wirft den Streifen in die Dose und schreibt den Satz auswendig auf. Streifen für Streifen geht es so weiter. Am Ende liest sich Ihr Kind alles noch einmal durch und vergleicht den Text mit der Vorlage.

Eigendiktat: Ihr Kind liest sich den Text einmal durch. Dann deckt es den Text mit einem Papier ab, sodass nur die erste Zeile zu sehen ist. Das Kind merkt sich die Wörter und schreibt sie auf. So geht es Zeile für Zeile vor, bis es den ganzen Diktattext einmal geschrieben hat. Anschließend liest es sich den Text noch einmal durch und vergleicht ihn mit der Vorlage.

Rechtschreibung richtig üben

Diktate zu Hause üben

Umgebung beachten: Am besten übt es sich in ruhiger und entspannter Umgebung, sodass Ihr Kind beim Üben nicht abgelenkt wird. Überlegen Sie zusammen, wann die **beste Zeit zum Üben** ist. Jeder Mensch hat seine persönliche Lernzeit und man kann sich nicht zu jeder Uhrzeit gleich gut konzentrieren.

Genug Zeit zum Korrigieren einplanen: Planen Sie genug Zeit zum Nachdenken und Korrigieren ein. Kurzes, regelmäßiges Üben ist sinnvoller als seltene, aber lange Lerntage. Das Üben sollte deshalb am Tag nicht länger als 15 Minuten dauern.

Immer nur ein Rechtschreibphänomen trainieren: Üben Sie ähnliche Schreibweisen nicht hintereinander. Sonst steigt die Gefahr, dass Ihr Kind diese miteinander verwechselt. Um **Ähnlichkeitshemmung** zu **vermeiden**, sollten immer mehrere Tage zwischen dem Üben von ähnlichen Schreibweisen liegen.

Achtsam diktieren:
Vor dem Diktieren ist es sinnvoll, dass Ihr **Kind** den **Text selbst liest** und **einmal abschreibt**. So kann es das Schriftbild der Wörter verinnerlichen.

Bevor Sie das ganze Diktat vorlesen, können Sie zunächst die grünen **Lernwörter** einzeln **diktieren**. So wecken Sie bei Ihrem Kind das Bewusstsein für das zu übende Problem.

Diktieren Sie keine zu langen Textabschnitte. Am besten **orientieren** Sie sich an den **gelben Längsstrichen** im Text, die das Diktat in einzelne **Diktierabschnitte** gliedern.

Lesen Sie beim Diktieren **langsam**, **deutlich** und **betont** vor. Die Satzzeichen werden mitdiktiert, sofern sie nicht der Übungsschwerpunkt sind.

Die **unterstrichenen Wörter** können Sie **buchstabieren**, da es sich hier um schwierige Wörter handelt, die Ihr Kind in der Regel noch nicht schreiben kann.

Selbstkontrolle fördern: Am Ende sollte Ihr Kind sein Diktat immer noch einmal in Ruhe selbst kontrollieren können. Das Gelernte prägt sich so noch intensiver ein.

Rechtschreibung richtig üben

Die richtige Unterstützung

Gemeinsames Wiederholen:
Schauen Sie sich den Text Ihres Kindes nach dem Üben noch einmal genau an. Erkennen Sie, was noch geübt werden muss. Nach einiger Zeit wiederholen Sie das Diktat noch einmal gemeinsam.

Loben: **Loben** Sie Ihr Kind! Eine **positive** Rückmeldung motiviert und nimmt Ihrem Kind die Angst davor, etwas falsch zu machen. Unterstützen Sie es dabei, sicherer beim Schreiben zu werden und Ängste abzubauen.

Gute Vorbereitung: Diktieren Sie den Text so, wie es auch in der Schule üblich ist. Die meisten Lehrerinnen und Lehrer gehen dabei so vor:

1. Der Text wird mit der Überschrift einmal vorgelesen. Die Kinder lernen so den Text kennen und erfahren, worum es darin geht.

2. Dann wird ein ganzer Satz vorgelesen. Die Kinder lernen den Satz und seine Struktur kennen.

3. Ist der Satz zu lang, wird er in einzelnen Abschnitten diktiert, die die Kinder aufschreiben.

4. Der nächste Satz wird wieder zuerst vorgelesen und dann in Abschnitten diktiert.
Die Schritte 2 und 3 wiederholen sich, bis das Diktat fertig ist.

5. Zum Schluss wird der Text noch einmal ganz vorgelesen.

6. Anschließend haben die Kinder Zeit, ihren Text zu kontrollieren und Fehler zu verbessern.

Richtig schreiben und prüfen

Diktate zu schreiben ist leichter, als du vielleicht denkst. Diese Tipps werden dir dabei helfen:

Darauf achtest du während des Diktats:

Was wird vorgelesen? Höre beim Vorlesen genau zu. So lernst du den Text und den Aufbau der Sätze kennen. Wenn du weißt, worum es geht, fällt das Aufschreiben beim Diktieren leichter.

Wie wird vorgelesen? Achte genau darauf, wie die Wörter ausgesprochen werden. Sind die Laute kurz oder lang? Wie lauten die Vor- und die Nachsilben? Wie lauten die Endungen?

Gut nachdenken! Überlege, ob die Wörter groß- oder kleingeschrieben werden und ob es eine Rechtschreibregel gibt, die du anwenden kannst. Überlege aber nicht zu lang, denn das Diktat geht ja weiter!

Schwierige Wörter markieren! Markiere die Wörter, bei welchen du noch unsicher bist. Später kannst du sie dir dann noch einmal in Ruhe anschauen und überlegen, welche Regel dir beim Schreiben helfen könnte.

Lücken lassen! Hast du ein Wort nicht verstanden, lässt du eine Lücke. Wird der Text noch einmal vorgelesen, kannst du das Wort ergänzen.

So kontrollierst du ein Diktat richtig:

Lies deinen ganzen Text genau! Sind alle Satzanfänge großgeschrieben? Fehlt kein Satzschlusszeichen? Macht jeder Satz Sinn? Ist jeder Satz vollständig? Hast du kein Wort vergessen?

Lies das Diktat rückwärts Wort für Wort! Sind alle Wörter vollständig? Hast du keinen Buchstaben vergessen? Hast du keine Buchstaben verdreht?

Prüfe schwierige Wörter! Wird das Wort groß- oder kleingeschrieben? Kennst du eine Regel, mit der du die richtige Schreibweise herausfinden kannst? Kannst du das Wort verlängern? Kennst du ein verwandtes Wort?

Großschreibung von Nomen

Nomen (Namenwörter) bezeichnen Personen, Tiere, Pflanzen und Dinge. Du schreibst sie immer groß. Sie haben einen Artikel (Begleiter). Der Artikel muss nicht immer direkt vor dem Nomen stehen. Und manchmal kann er auch ganz fehlen. Fast alle Nomen können in der Einzahl und in der Mehrzahl stehen.

der **B**aum – ein kleiner **B**aum – Hier wachsen **B**äume.

1 Ab in die Ferien!

Nina fährt in den Ferien | mit ihren Eltern | und ihrem kleinen Bruder Ben | nach Italien. | Nun überlegt sie, | was sie einpacken soll: | Die meisten Kleider | hat sie schon in den Koffer gelegt. | Es fehlen noch | der gepunktete Rock, | die Sommerschuhe | und ihr neuer Badeanzug. | Außerdem nimmt sie zwei Bücher, | Spiele und ein Wörterbuch mit. | Zum Schluss steckt sie noch | ein Kissen in den Rucksack. | Nina freut sich schon, | denn sie werden bestimmt | viel Spaß im Urlaub haben!

77 Wörter

2 Eine Raupe in Gefahr 

Lukas ist auf dem Weg zur Sporthalle. | Da sieht er eine Raupe, | die vom Rasen auf den Gehweg kriecht. | Lukas bleibt stehen | und schaut sich | das seltsame Tierchen genauer an. | Es hat viele winzige Beine | und seine Haut ist gelb | mit grünen Punkten. | Lukas nimmt ein Blatt | und schiebt die Raupe darauf. | Dann trägt er sie | vorsichtig ins Gras. | „Hier bist du sicher“, | murmelt er leise.

66 Wörter

Abstrakte Nomen

Nomen (Namenwörter) bezeichnen auch Gefühle, Vorstellungen, Gedanken und andere Dinge, die man nicht sehen kann. Man nennt sie deshalb abstrakte Nomen.

die **F**reude   der **T**raum   die **I**dee

1 Die Traummaschine

Nina hat einen Plan: Sie will eine Maschine erfinden, die schöne Träume macht. In ihrer Fantasie ist die Maschine schon fertig. Auch ihr Bruder findet die Idee gut. Dann hat kein Kind mehr Angst vor bösen Träumen. Ninas Herz klopft vor Aufregung. Ihre Erfindung wird bestimmt ein großer Erfolg. Hoffentlich kommt kein anderer Erfinder auf die Idee.

57 Wörter

2 Abenteuer in den Bergen

Amelie und Bruno haben gute Laune. Sie machen eine Wanderung in die Berge. Der Ausflug bringt viel Spaß. Nach einer Weile bekommen sie Durst. Jetzt ist Zeit für eine Pause. Da entdecken sie ein Murmeltier und einen Adler. Der große Vogel hat Hunger und ist auf der Suche nach Beute! Amelie bekommt einen Schreck: Das Murmeltier ist in Gefahr! Aber das Tier ist bereits verschwunden. Amelie jubelt vor Erleichterung. Nur der Adler hat Pech.

74 Wörter

Verben werden zu Nomen

Verben (Tunwörter) werden kleingeschrieben. Sie können aber auch zu **Nomen** (Namenwörter) werden. Die Verben haben dann einen Artikel (Begleiter) und werden großgeschrieben.

das **S**pielen das **Ü**ben das **L**ernen

Manchmal ist der Artikel nicht sofort erkennbar:

beim **S**pielen zum **T**räumen vom **L**aufen

1 Lieblingsfächer

Lena geht gerne zur Schule. Am besten gefällt ihr das Laufen und das Tanzen in der Sportstunde. Auch das Schreiben, Lesen und Rechnen macht ihr Spaß. Nur das Üben am Nachmittag findet sie nicht gut. Die beste Stunde ist aber die Pause: Das Spielen und das Toben auf dem Schulhof ist einfach toll.

53 Wörter

2 Wo ist Luna?

Der Zauberer sucht seine Katze Luna. Er braucht sie zum Zaubern. Ohne Luna macht das Murmeln der Zaubersprüche keinen Spaß. Beim Essen war sie noch da. Vielleicht ist sie beim Jagen? Vom vielen Suchen wird der Zauberer müde. Plötzlich streicht eine kleine Katze um seine Beine. Der Zauberer ist erleichtert. Zum Schmusen kommt Luna immer zurück!

56 Wörter

Tageszeiten

Tageszeiten können mit Nomen (Namenwörtern) bezeichnet werden. Sie werden dann großgeschrieben.

der **M**ittag – am **A**bend – um **M**itternacht

1 Der Tagesausflug

Die Klasse 3a macht einen Ausflug. Am Morgen fährt der Bus an der Schule ab. Nach einer Stunde Fahrt steigen die Schüler aus und wandern los. Am Mittag machen sie eine Pause. Dann geht es weiter an einem Fluss vorbei. Der Nachmittag ist schnell vorüber, denn es gibt viel zu entdecken. Am frühen Abend kommen sie wieder am Parkplatz an, wo der Bus auf sie wartet. Die Kinder sind müde. Heute Nacht werden alle gut schlafen!

76 Wörter

2 Aprilwetter

Um Mitternacht wacht Kim auf. Sie schaut aus dem Fenster. Draußen schneit es! Doch am anderen Morgen scheint die Sonne. Am Mittag hängen dicke Wolken am Himmel. Eine Stunde später ist es schon wieder warm und freundlich. Am Nachmittag zieht ein Sturm auf und dicke Regentropfen fallen vom Himmel. Bis zum Abend bleibt es kühl und bewölkt. Doch als Kim am Abend ihren Eltern eine gute Nacht wünscht, sieht sie den Mond leuchten.

73 Wörter

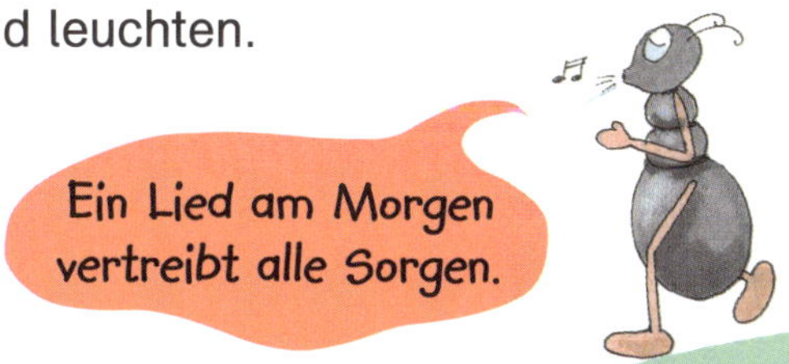

Vertrauliche Anrede

Für Personen, die du gut kennst, verwendest du die vertrauliche Anrede **du** und **ihr** sowie die entsprechenden Formen **dich**, **dir**, **deine**, **euch**, **eure** ... In der Regel werden diese Pronomen (Fürwörter) kleingeschrieben. In Briefen und E-Mails kannst du sie klein- oder großschreiben. Du musst dich dann aber für eine einheitliche Schreibweise entscheiden.

1 Geburtstagsgrüße an Oma

Liebe Oma, |
alles Gute zum Geburtstag | wünscht dir/Dir deine/Deine Enkelin Annika. | Leider kann ich nicht | zu deiner/Deiner Geburtstagsfeier kommen, | weil wir auf Klassenfahrt sind. | Ich hoffe aber, | du/Du feierst schön. | Ich habe dir/Dir ein Bild gemalt. | Mama bringt es dir/Dir mit. | Hoffentlich gefällt es dir/Dir! | Viele Grüße an Opa. |
Deine Annika

51 Wörter

2 E-Mail an Jan

Lieber Jan, |
das Wochenende mit dir/Dir | und deinem/Deinem Bruder war super! | Die Höhlenwanderung mit euch/Euch | hat richtig Spaß gemacht. | Ich habe aus Versehen | dein/Dein Buch eingepackt. | Ich schicke es dir/Dir aber sofort zurück. | Dafür habe ich meinen Schal | in eurer/Eurer Baumhütte vergessen. | Kannst du/Du ihn mir auch schicken? | Hoffentlich sehe ich euch/Euch bald wieder! |
Fabian

55 Wörter

Höfliche Anrede

Bei der höflichen Anrede benutzt du die Pronomen (Fürwörter) **Sie**, **Ihnen**, **Ihr**, **Ihre** oder **Ihren**. Diese Pronomen werden immer großgeschrieben.

1 Auf dem Wochenmarkt

„Hallo Frau Schulze! Schön, Sie zu sehen! Wie geht es Ihnen?“

Wissen Sie, wo ich frische Kräuter kaufen kann?“

„Können Sie mich bitte durchlassen?“

„Seien Sie doch nicht so ungeduldig!“

„Warten Sie, ich gebe Ihnen eine Tüte für Ihre Einkäufe!“

„Passen Sie bitte auf Ihren Hund auf! Er knabbert an den Blumen!“

52 Wörter

2 Der Dankesbrief

Lieber Herr Müller,

wir möchten uns herzlich bei Ihnen für den spannenden Tag auf Ihrem Bauernhof bedanken. Es war ganz toll, dass Sie sich so viel Zeit für uns genommen haben. Am besten hat uns gefallen, wie Sie die Lämmer mit Milch gefüttert haben. Aber auch die Ferkel und das Melken der Kühe waren super! Als Dankeschön haben wir Ihnen einen Bauernhof mit Ihren Tieren gebastelt. Wir hoffen, er gefällt Ihnen!

Herzliche Grüße

Ihre Klasse 3c

76 Wörter

Wörter mit Ä/ä

Die Laute (ä) und (e) klingen oft sehr ähnlich. Die meisten Wörter mit **Ä/ä** sind mit einem Wort mit **A/a** verwandt. Suche deshalb nach anderen Wörtern aus der Wortfamilie.

k**a**lt – die K**ä**lte   die K**a**rte – das K**ä**rtchen

1 Der Delfin

Delfine leben in vielen Gewässern auf der Erde. Sie zählen zu den Säugetieren. Sie müssen zum Atmen an die Oberfläche kommen. Ein Delfin hat eine kräftige Schwanzflosse. Damit kann er schnell schwimmen. Er ist ein geschickter Jäger. Er ernährt sich von Fischen und anderen Wassertieren. Seine Beute hält er mit seinen spitzen Zähnen fest. Oft geht er mit anderen Delfinen auf die Jagd nach Fischschwärmen.

65 Wörter

2 Die Abfahrt

Ulf und Martin stehen mit ihren Rädern auf einem Hügel. „Komm, wir fahren hinunter!“, schlägt Ulf vor. Martin schaut ängstlich. Die Abfahrt sieht ziemlich gefährlich aus und dicke Äste hängen über dem Weg. Aber Ulf lässt nicht locker. „Dann fängst du aber an!“, sagt Martin. Ulf zählt bis drei, dann fährt er los. Sofort gerät er vom Weg ab und fällt hin. „So ein Mist“, flucht er. „Hier kommen wir nicht hinunter.“ Martin lächelt.

74 Wörter

Wörter mit Ä/ä ohne Verwandte

Nur wenige Wörter mit **Ä/ä** haben keine Verwandten mit **A/a**. Diese Wörter musst du lernen.

der B**ä**r der K**ä**fer **ä**hnlich das M**ä**dchen

1 Zwei Krähen

In unserem Garten | sitzen regelmäßig | zwei Krähen. | Die Vögel sehen sich | sehr ähnlich. | Sie sind ungefähr | gleich groß. | Sie haben schwarze Federn | und einen dunklen Schnabel. | Die Krähen machen oft Lärm. | Manche Menschen ärgern sich | über die schrägen Töne. | Ich höre ihnen | aber gerne zu. | Krähen haben nämlich | eine eigene Sprache. | Vielleicht werde ich | später Krähenforscherin.

56 Wörter

2 Der goldene Käfer

Die Mutter erzählt ein Märchen: | Es war einmal ein goldener Käfer. | Er wurde von einem grässlichen Mann | in einem Käfig gefangen gehalten. | Eines Tages kam ein Mädchen vorbei. | „Hol mich hier raus!“, | bat der Käfer | mit Tränen in den Augen. | Das Mädchen nahm eine Säge | und begann den Käfig aufzusägen. | Der Lärm lockte | den grässlichen Mann an. | Doch er kam zu spät! | Der Käfig war offen | und der Käfer flog glücklich | zur Tür hinaus.

74 Wörter

Wörter mit Äu/äu

Äu/äu und **Eu/eu** sind leicht zu verwechseln. Ob ein Wort mit **Äu/äu** geschrieben wird, kannst du herausfinden, indem du nach verwandten Wörtern mit **Au/au** suchst.

der B**au**er – die B**äu**erin   der Tr**au**m – tr**äu**men

1 Die Kräuterhexe

Die alte Anna | lebt in einem Häuslein | im Wald. | Es liegt versteckt | hinter großen Bäumen. | Nur manchmal verläuft sich | ein Wanderer zu ihr. | In ihren Räumen | riecht es nach Rauch. | Auf dem Dach nisten Täubchen. | Ihr Kräutergarten | ist von Sträuchern gesäumt. | Aus den Kräutern macht sie Tee. | Der sorgt für gute Träume, | macht gesund oder wach. | Manche Menschen behaupten, | sie sei eine Kräuterhexe, | die sogar mit Mäusen sprechen kann!

69 Wörter

2 Kurzdiktat

Unter dem Sofa | liegt ein Knäuel Wolle. |

Die Katze sträubt ihr Fell. |

Der Hund liegt hinter der Säule. |

Der Junge ist enttäuscht. |

Das Mädchen hat sich getäuscht.

27 Wörter

Wörter mit Eu/eu

Eu/eu und **Äu/äu** sind leicht zu verwechseln. Wörter mit **Äu/äu** haben meist einen Verwandten mit **Au/au**. Wörter mit **Eu/eu** musst du lernen.

die Sch**eu**ne ber**eu**en die Fr**eu**de

1 Das neue Fahrrad

Mia freut sich. | Sie hat heute | ihr neues Fahrrad bekommen. | Es war ziemlich teuer | und sie hat lange darauf gespart. | Stolz macht sie sich | auf den Weg | zu ihrer Freundin. | Langsam fährt sie | über die Kreuzung. | Auf dem Radweg | beschleunigt sie. | Sie wird immer schneller. | Doch dann steuert sie | durch eine Pfütze. | Das Fahrrad rutscht | und Mia keucht vor Schreck. | Das war knapp!

63 Wörter

Übe die Diktate mit Äu/äu und Eu/eu nicht direkt hintereinander.

2 Ein Waldausflug

Viola und Ruan sind heute | im Wald unterwegs. | „Schau mal da!“ | Ruan deutet auf ein Reh. | Doch das scheue Tier | ist schon wieder verschwunden. | Viola beugt sich neugierig | über den Eingang eines Fuchsbaus. | Da erklingt der Schrei einer Eule. | Es wird schon dunkel! | Auf dem Heimweg | hören sie ein leises Heulen. | Ob das ein Wolf ist?

58 Wörter

Wörter mit ai

Es gibt nur wenige Wörter mit **ai**. Diese Wörter musst du dir merken.

der **Hai** der **Mais**

1 Wusstest du das?

Dem Hai wachsen Zähne | immer wieder nach. |

Maispflanzen können bis zu | zweieinhalb Meter hoch werden. |

Maiglöckchen blühen auch im Juni. |

Ein frischer Brotlaib | duftet herrlich! |

Auch in Deutschland | gab es mal einen Kaiser. |

Eine Violine | hat vier Saiten. |

Ein Kind ohne Eltern | nennt man Waisenkind.

45 Wörter

2 Brot für den Kaiser

Das Waisenmädchen Marie | konnte das beste Maisbrot | der Welt backen. | An einem sonnigen Maitag im Frühling | fuhr der Kaiser mit der Kutsche | an ihrem Laden vorüber. | Da stieg ihm der Duft | der frischen Brotlaibe in die Nase. | Er ließ die Kutsche halten | und Marie brachte ihm | den schönsten Laib. | Der Kaiser ernannte sie sofort | zur kaiserlichen Hofbäckerin. | Marie war glücklich | und von ihrem ersten Lohn | kaufte sie sich neue Saiten | für ihre Gitarre.

73 Wörter

b und p am Wortende

Am Wort- oder Silbenende klingen **b** und **p** gleich. Wenn du das Wort verlängerst oder nach einem verwandten Wort suchst, findest du die richtige Schreibweise aber schnell heraus.

der Rau**b** – rau**b**en   er hu**p**t – die Hu**p**e

1 Der Überfall

An der Tür des Schmuckladens klebt ein Schild: Heute bleibt das Geschäft geschlossen. Denn gestern hat ein Dieb den Laden ausgeraubt. Der Räuber bedrohte die Verkäuferin und sie gab ihm den ganzen Schmuck. Dann machte er sich aus dem Staub. Die Frau beschrieb der Polizei den Dieb. Er hatte eine plumpe Figur, trug gelbe Turnschuhe und eine Maske. Der Besitzer des Geschäfts tobte, als er von dem Überfall hörte. Die Verkäuferin nahm erst einmal Urlaub.

75 Wörter

2 Der Löwe

Der Löwe lebt in der staubigen Savanne in Afrika. Das Fell der Raubkatze ist gelblich braun. Seine Mähne ist etwas dunkler gefärbt. Zu einem Löwenrudel gehören ein Männchen, mehrere Weibchen und ihre Jungen. Das Männchen ist der Chef. Wenn die Weibchen auf die Jagd gehen, bleibt der Löwe bei den Jungen. Trotzdem darf er zuerst fressen. Doch irgendwann kommt ein jüngerer, stärkerer Löwe und vertreibt das alte Tier, um seinen Posten zu übernehmen.

73 Wörter

d und t am Wortende

Am Wort- oder Silbenende klingen **d** und **t** gleich. Du kannst die richtige Schreibweise herausfinden, indem du das Wort verlängerst oder nach einem verwandten Wort suchst. Verben (Tunwörter) in der 3. Person Einzahl enden immer auf **t**.

die Wan**d** – die Wän**d**e   al**t** – äl**t**er   er renn**t**

1 Kurzdiktat

Die Luft ist mild. | Die Hand ist kalt. | Der Hut ist alt. | Das Rad ist rund. | Das Kind ist gesund. | Das Brot ist hart. | Die Schlange hat einen Giftzahn. | Die Pilze wachsen am Waldrand. | Das Luftschiff hebt ab. | Der Honig hat eine goldgelbe Farbe. | Die Abendsonne scheint noch warm.

49 Wörter

Auch bei zusammengesetzten Wörtern kannst du die Verlängerungsprobe machen.

2 Der Ausritt

Tina reitet heute zum ersten Mal aus! | Etwas nervös ist sie schon. | Doch der Reitlehrer spricht | ihr Mut zu: | „Du wirst das gut schaffen!" | Sie sattelt ihr Pferd, | dann reitet die Gruppe los. | Direkt hinter Tina | reitet ihr Freund Sami. | Die Gruppe trabt über einen schmalen Pfad | durch den Wald. | Die Mähnen der Pferde | flattern im Wind. | Unterwegs sehen sie viele Waldtiere: | einen Specht, | ein Wildschwein | und ein Reh. | Tina ist begeistert: | „Das macht echt Spaß!"

76 Wörter

g und k am Wortende

Am Wort- oder Silbenende klingen **g** und **k** gleich. Um die richtige Schreibweise herauszufinden, musst du das Wort verlängern oder nach einem verwandten Wort suchen.

der Ta**g** – die Ta**g**e   er lü**g**t – die Lü**g**e   star**k** – stär**k**er

1 Es spukt!

In Rafis Zimmer spukt es! Jede Nacht schlägt ein Geist leise gegen den Kleiderschrank. Aber heute legt Rafi sich auf die Lauer. Als das Klopfen beginnt, macht er sich mutig auf den Weg zum Schrank. Vorsichtig öffnet er ihn. Aber was ist das? Der Sockenberg bewegt sich! Rafi springt zur Seite. Es war wohl doch nicht so klug, alleine Geister zu jagen! Schon wieder regt sich der Sockenberg. Jetzt erkennt Rafi den Geist: Es ist eine Maus!

77 Wörter

2 Der Drachenflug

Tom hat zum Geburtstag einen Drachen geschenkt bekommen. Doch am nächsten Tag regt sich kein Lüftchen. Erst am Sonntag bläst der Wind stark genug. Aufgeregt stürmt er mit dem Drachen nach draußen. Zusammen mit seinem Vater legt er ihn auf ein Feld. Vorsichtig nimmt Tom die Schnüre in die Hand. Nichts bewegt sich. Erst als der Vater den Drachen in den Wind hält, steigt er auf. Tom lenkt ihn mit den Schnüren. Wie hoch er fliegt!

76 Wörter

Wörter mit ng und mit nk

Bei Wörtern mit **ng** und **nk** musst du genau hinhören, denn diese Laute können ähnlich klingen. Wenn du dir nicht sicher bist, wie ein Wort am Ende geschrieben wird, kannst du es verlängern oder ein verwandtes Wort suchen.

der Kla**ng** – kli**ng**en   er tri**nk**t – tri**nk**en

1 Die ehrliche Finderin

Mona hat einen Ring | mit einem kleinen Schmetterling | gefunden. | Er passt genau auf ihren Finger | und ist gar nicht zu eng. | Da sieht sie einen Zettel, | der an einem Baum hängt. | Jemand hat den Ring verloren | und sucht ihn jetzt! | Mona überlegt nicht lange. | Sie schwingt sich auf ihr Rad | und bringt ihn zurück. | Als sie an der Tür klingelt, | öffnet eine junge Frau. | Sie freut sich sehr | und gibt der ehrlichen Finderin | zur Belohnung 5 Euro.

77 Wörter

2 Der Streit

Elias sitzt auf der Küchenbank | und denkt nach. | Er hat sich mit Ole gezankt. | Elias hat ein Fahrrad geschenkt bekommen | und Ole hat <u>versehentlich</u> | den Lenker zerkratzt. | Da hat Elias ihn wütend Stinktier genannt. | Das hat Ole gekränkt. | Jetzt tut es Elias leid. | Er geht zum Kühlschrank, | holt sich ein Glas Saft | und trinkt einen Schluck. | Doch was ist das? | Draußen steht ja Ole | und winkt ihm zu! | Jetzt renkt sich | bestimmt alles ein!

74 Wörter

Wörter mit V/v, das wie F/f klingt

Die meisten Wörter mit f-Laut werden mit **F/f** geschrieben. Manche Wörter werden aber mit **V/v** geschrieben. Die anderen Wörter mit **V/v** musst du dir merken.

der **V**ogel der **Vor**rat der **V**ater **vier**

1 Das Rollerrennen

Tarek und Emil | machen ein Rennen | mit ihren Rollern: | Der Start ist | vor dem Gartentor. | Von dort fahren sie | über den kleinen Weg. | Sie düsen am Kirschbaum | und am Veilchenbeet vorbei. | Vom Garten geht es weiter | um das Haus herum. | Bevor sie ins Ziel rasen, | geben sie noch einmal Vollgas. | Tarek ist vorne! | Die Jungen sind völlig | außer Puste. | Das hat viel Spaß gemacht!

64 Wörter

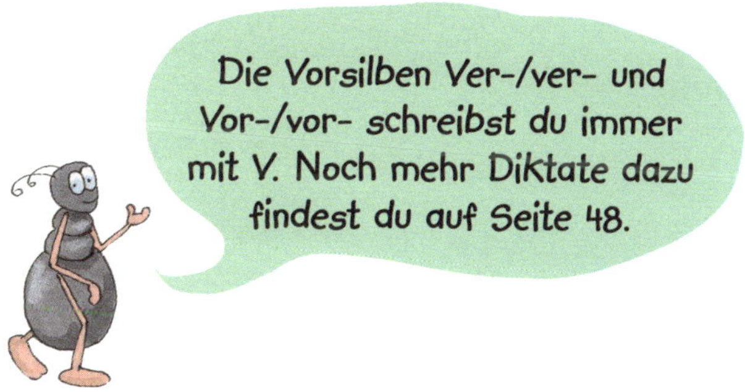

2 Quatschdiktat

Vier Vögel | wollen ihre Verwandten | im Süden besuchen. | Allerdings haben sie Verspätung, | denn heute ist viel Verkehr am Himmel. | „Vielleicht versuchen wir es | besser morgen?“, | schlägt einer vor. | „Vermutlich ist es dann | nicht so voll.“ | Das erscheint den Vögeln vernünftig. | Beim zweiten Versuch | wird es schon klappen!

47 Wörter

Wörter mit V/v, das wie W/w klingt

In manchen Wörtern klingt das **V/v** wie ein **W/w**. Diese Wörter musst du lernen.

der **V**ulkan der No**v**ember die Oli**v**e

1 Kurzdiktat

Der Vulkan spuckt heiße Lava.

Die Vase hat ein schönes Muster.

Olivenbäume können uralt werden.

Das Ei hat eine ovale Form.

Eine Geige nennt man auch Violine.

Ein Klavier hat 88 Tasten.

Am liebsten esse ich Vanilleeis.

37 Wörter

2 Quatschdiktat mit V

Der Vampir lebt neben einem großen Vulkan. Doch heute ist der Vulkan erloschen. Jetzt ist es eiskalt in seinem Haus. Der Vampir ist sauer: Warum passiert das immer im November? Hoffentlich holt er sich keinen Virus! Schnell zieht er sich einen dritten Pullover an. Dann isst er eine Zitrone und zwei Bananen, denn Obst enthält gesunde Vitamine! Am Abend springt der Vulkan wieder an. Sofort wird es wärmer. Glücklich setzt sich der Vampir an sein Klavier.

76 Wörter

Wörter mit Pf/pf

Pf/pf hört sich ähnlich an wie **F/f**. Du kannst sie aber leicht unterscheiden, wenn du dir die Wörter deutlich vorsprichst.

der Zo**pf** **pf**lanzen der Ko**pf** hü**pf**en

1 Die Naschkatze

Auf leisen Pfoten | schlüpft die Katze | in die Küche. | Es riecht nach frischer Pflaumenmarmelade! | Lautlos hüpft sie auf den Tisch. | Da hinten steht ja der Topf! | Er dampft noch. | Vorsichtig steckt sie | den Kopf hinein | und schleckt an der Marmelade. | Lecker! | Da kommt die Mutter herein. | „Pfoten weg!“, | schimpft sie.

50 Wörter

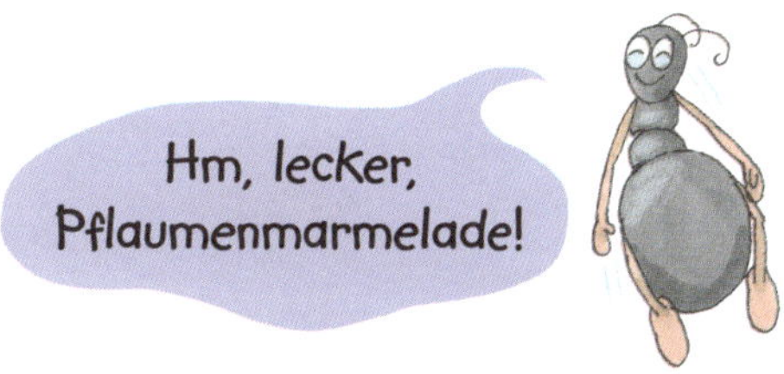

2 Treffer!

Toni und Lukas haben sich | Pfeil und Bogen gebastelt. | Die stumpfen Pfeilenden haben sie | mit dem Messer angespitzt. | Jetzt stapfen sie durch den Garten | und suchen ein Ziel. | „Wie wäre es | mit dem Apfel am Baum?“, | fragt Toni. | Lukas nickt, | zielt und trifft! | Der Apfel fällt herunter | und kullert direkt in eine Pfütze. | Toni pfeift anerkennend | und stopft sich | den tropfenden Apfel in die Tasche. | „So können wir | immer Äpfel pflücken!“

71 Wörter

Wörter mit Qu/qu

Der Laut (kw) wird **Qu/qu** geschrieben.

das **Qu**adrat **qu**ietschen das A**qu**arium

1 Kurzdiktat

Die quatschende Qualle | sitzt in der Falle. |
Im großen Aquarium | schwimmen viele Fische herum. |
Der braune Bär | läuft kreuz und quer. |
Das kleine Skelett | spielt gerne Quartett. |
Der Akrobat fährt | mit dem Rad im Quadrat.

35 Wörter

2 Zelten am See

Die Kinder zelten heute am See. | Sie holen frisches Wasser | an der Quelle | und essen Kartoffeln | mit Quark. | Am Abend machen sie ein Lagerfeuer. | Zuerst steigt nur Qualm auf. | Aber dann brennt das Holz. | Die Kinder machen es sich | vor dem Feuer bequem. | Sie spielen ein Waldquiz | und erzählen Quatschgeschichten. | In der Nacht | hören sie Frösche quaken. | Die Äste der alten Tanne | quietschen im Wind. | In der Ferne | quiekt ein Tier. | Die Kinder kuscheln sich | in ihre Schlafsäcke. | Was für ein Abenteuer!

82 Wörter

Wörter mit X/x

Für den (ks)-Laut gibt es verschiedene Schreibweisen. Die wenigen Wörter mit **x** musst du dir merken.

der Mi**x**er   bo**x**en   das **X**ylofon

1 Kurzdiktat

Hexen mixen | sonderbare Mixgetränke. |

Max boxt | in einer echten Boxschule. |

Maxi ist Expertin | für extra schwere Textaufgaben. |

Der Kracher ist | extrem laut explodiert.

23 Wörter

2 Quatschdiktat

Am Taxistand stehen | eine Dame mit Hexenbesen, | ein Riese mit Boxernase | und ein Zwerg mit Axt in der Tasche. | Sie steigen in ein Taxi. | „Maxstraße 8, | aber fix!“, | ruft der Zwerg. | „Du bekommst auch | extra viel Trinkgeld!“ | Der Taxifahrer rast los. | Am Ziel erwartet sie schon | ein extrem blasser Mann | mit langen Zähnen. | „Da kommen ja die Experten!“, | begrüßt er die drei unheimlichen Gestalten. | Der Taxifahrer gibt Gas. | Nix wie weg hier!

72 Wörter

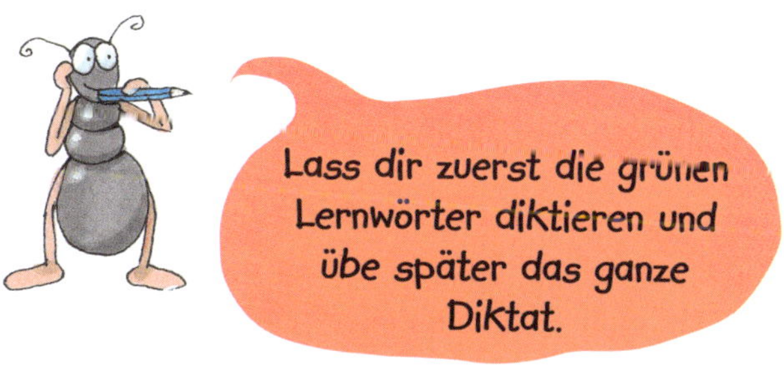

Wörter mit chs, gs, ks oder cks

Der (ks)-Laut kann auch mit **chs**, **gs**, **ks** oder **cks** geschrieben werden.

der Fu**chs** der Ke**ks** der Kle**cks**

Manchmal kannst du nach einem verwandten Wort suchen, um die richtige Schreibweise herauszufinden:

unterwe**gs** – der Weg die Tri**cks** – der Trick
du trin**kst** – trinken

1 Kurzdiktat

Der Stein pikst. | Geh nach links! | Krümel nicht mit dem Keks! | Keinen Mucks! | Sie macht einen Knicks. | Das sind gute Tricks. |

21 Wörter

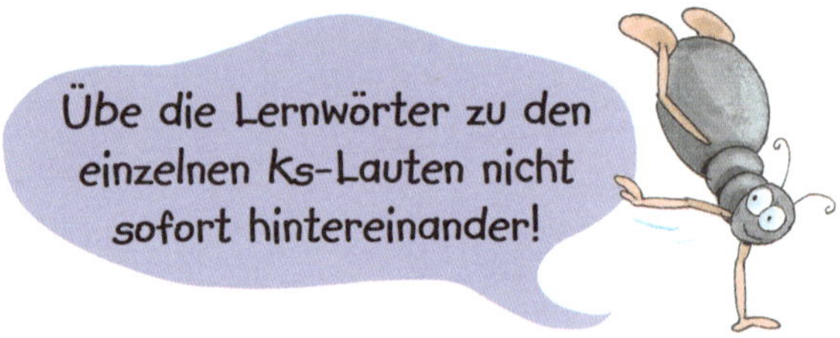

2 Unterwegs

Gestern war ich allein | in der Stadt unterwegs. | Mittags sollte ich | zu Hause sein. | Allerdings habe ich mich verlaufen. | Anfangs bekam ich Angst. | Aber zum Glück | ist mir der Weg wieder eingefallen.

32 Wörter

3 Gut zu wissen!

Dachse wohnen | in einer Burg. | Der Polarfuchs | wechselt seine Fellfarbe. | Luchse streifen gerne | allein durch den Wald. | Eidechsen können bei Gefahr | ihren Schwanz abwerfen. | Junge Lachse | wachsen im Süßasser auf, | erwachsene Tiere | leben im Salzwasser.

35 Wörter

Wörter mit ch

Der Laut ch kann ganz unterschiedlich klingen.

ko**ch**en ki**ch**ern

1 Kurzdiktat

Die Mädchen sprechen eine andere Sprache.
Der Wächter bewacht das Tor.
Hier riecht es seltsam. Woher kommt der Geruch?
Die Köche kochen in der Küche leckere Gerichte.

27 Wörter

2 Krach mit den Nachbarn

Nachdenklich stößt der Drache eine Rauchwolke aus dem rechten Nasenloch. Seit acht Nächten hat er kein Auge zugemacht. Sobald er müde ins Bett kriecht, hört er kichernde Kinder. Sofort ist er dann wieder hellwach. In der Nacht hält er Wache. Und richtig! Das Kichern kommt aus dem Kaninchenbau. Ein freches Kaninchenkind guckt gerade heraus. „Ruhe, du freches Ding!“, faucht der Drache. Ängstlich verstummt das Kaninchenmädchen. Der Drache freut sich. Endlich ist mal Ruhe bei den Nachbarn!

76 Wörter

Wörter mit Ch/ch und mit Sch/sch

Ch/ch klingt manchmal wie **Sch/sch**. Wenn du die Wörter deutlich sprichst, kannst du den Unterschied aber leicht hören.

die Mil**ch** fri**sch**

1 Der fürchterliche Fürst

Der fürchterliche Fürst schleicht in seinen Hausschuhen durch das Schloss. Er hat schlechte Laune. Seine schönste Giftschlange ist aus dem Terrarium entwischt. Jetzt kriecht sie durch sein Schloss und er kann sie nicht finden! Auf einmal hört er einen schrecklichen Schrei aus der Küche. Der fürchterliche Fürst lächelt. Jetzt weiß er, wo das Tierchen ist!

55 Wörter

2 Das Eichhörnchen

Eichhörnchen haben einen buschigen Schwanz und ein weiches, rotes Fell. Gerne klettern sie hoch oben in den Baumkronen. Sie fressen viele verschiedene Dinge: Nüsse und Eicheln, aber auch Schnecken und Vogeleier. Wie wir Menschen schlafen sie nachts. Tagsüber gehen sie auf Futtersuche. Ihre Schlafnester nennt man Kobel. Auch bei schlechtem Wetter verkriechen sie sich dort. Wenn es sehr kalt ist, schlafen manchmal mehrere Eichhörnchen darin. Dann kuscheln sie sich eng aneinander und decken sich mit ihrem Schwanz zu.

78 Wörter

Wörter mit St/st

Du hörst (scht) und schreibst **St/st**.

der **St**orch **st**ill der **St**ock **st**echen

1 Quatschdiktat

Der Strauß steht stumm | auf der Straße herum. |
Der Stier stapft stur | bei uns durch den Flur. |
Die starke Stute zieht im Stall | eine Schnute. |
Das Stachelschwein starrt still | auf den Stein.

32 Wörter

2 Geisterstunde

Tom steigt die steile Treppe | zum Dachboden hinauf. | Sein Bruder behauptet, | dort spuke es. | Aber Tom glaubt ihm nicht. | Er stößt die Tür auf und starrt staunend. | Hier oben ist es stockdunkel | und es stinkt nach Mottenpulver. | Tom stolpert | über einen Stuhl. | Fast wäre er gestürzt! | In der Ecke steht eine alte Statue aus Stein. | Aber was ist das? | Ein Lufthauch streift seinen Arm | und Tom erstarrt. | Stöhnt da jemand leise? | Mit einem Schrei | stürmt er hinaus. | Vielleicht startet gleich die Geisterstunde?

82 Wörter

Auf die Plätze,
fertig, kleben!
Hier geht es los.
Hurra,
jetzt bist
du fit!

Mein Übungsheft

Jedes Heft: € [D] 8,00 / € [A] 8,30

ISBN: 978-3-7886-2503-0

ISBN: 978-3-7886-2500-9

ISBN: 978-3-7886-2476-7

ISBN: 978-3-7886-2477-4

ISBN: 978-3-7886-2502-3

ISBN: 978-3-7886-2501-6

ISBN: 978-3-7886-2478-1

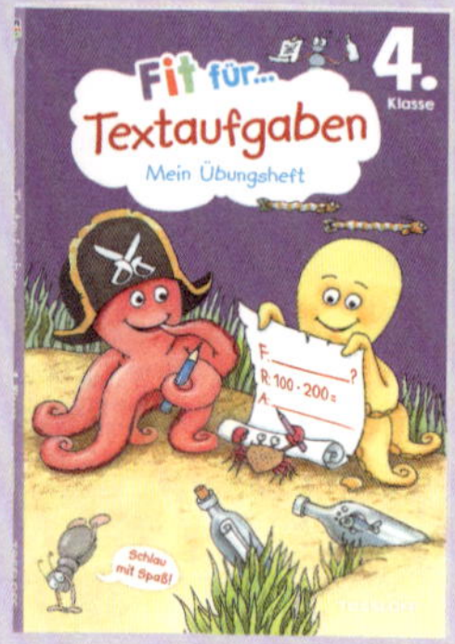

ISBN: 978-3-7886-2479-8

ISBN 978-3-7886-2480-4

ISBN 978-3-7886-2481-1

ISBN 978-3-7886-2482-8

ISBN 978-3-7886-2483-5

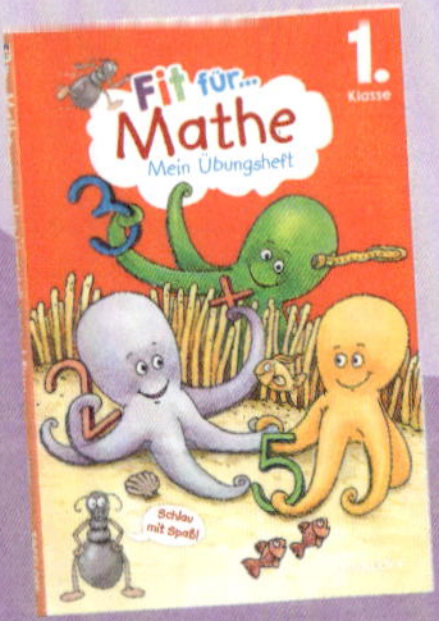

ISBN 978-3-7886-2484-2

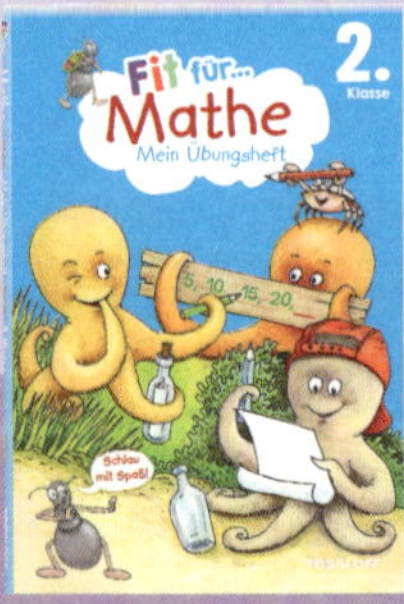

ISBN 978-3-7886-2485-9

ISBN 978-3-7886-2486-6

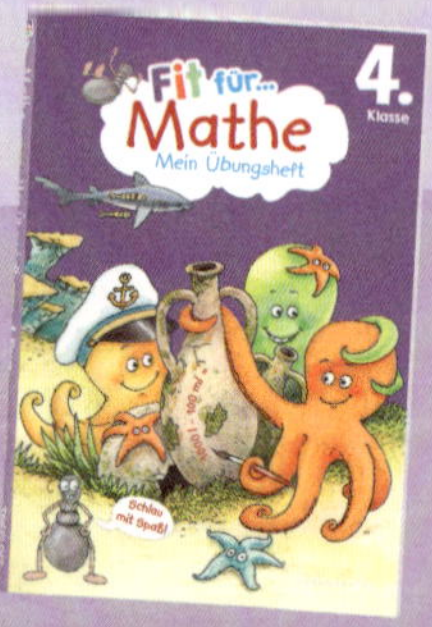

ISBN 978-3-7886-2487-3

Wörter mit Sp/sp

Du hörst (schp) und schreibst **Sp/sp**.

der **Sp**iegel **sp**ät **sp**ielen die **Sp**rache

1 Quatschdiktat

Die sportliche Spinne | springt über die Rinne. |

Die spaßigen Spatzen | spielen gerne mit Katzen. |

Der spanische Specht | sieht etwas schlecht. |

Der springende Igel | schaut gern in den Spiegel.

28 Wörter

2 Spürhund Tom

Tom ist ein echter Spürhund. | Mit seiner feinen Nase | entgeht ihm | nicht die kleinste Spur. | Tom hat schon | viele Verbrecher gefangen. | Er kann nicht nur gut schnüffeln, | sondern auch springen, | sprinten und spurten. | Die Polizeiarbeit ist spannend | und macht ihm viel Spaß. | Doch am liebsten | geht er spazieren. | Denn dann kann er | spielen und Spatzen jagen. |

56 Wörter

Wörter aus fremden Sprachen

Viele Wörter haben wir aus fremden Sprachen übernommen. Man nennt sie **Fremdwörter**. Sie werden oft anders geschrieben als ausgesprochen. Deshalb musst du dir ihre Schreibweise merken.

der Teddy der Ketchup die Jeans das Bonbon das Cabrio

1 So ein Chaos!

In Tonis Zimmer herrscht Chaos. Das Skateboard ist unter den Stuhl gerollt. Der Teddy sitzt auf dem Computer. Die schmutzige Jeans hängt an der Stehlampe. Auf dem Schreibtisch liegen klebrige Bonbons. Plötzlich klingelt Tonis Handy. Aber wo kann es sein? Es liegt unter seinem T-Shirt! Toni geht in die Küche. Bevor er aufräumt, isst er zuerst ein Stück Pizza.

59 Wörter

2 Der Comic

Anne liegt auf dem Bett und liest einen Comic. Er handelt von einem cleveren Mädchen und einem netten Clown. Die beiden suchen einen geheimen Code, der in einem Computer versteckt ist. Gerade verfolgen sie einen Bösewicht in einem Cabrio. Anne hält gespannt den Atem an. Was für eine coole Geschichte!

50 Wörter

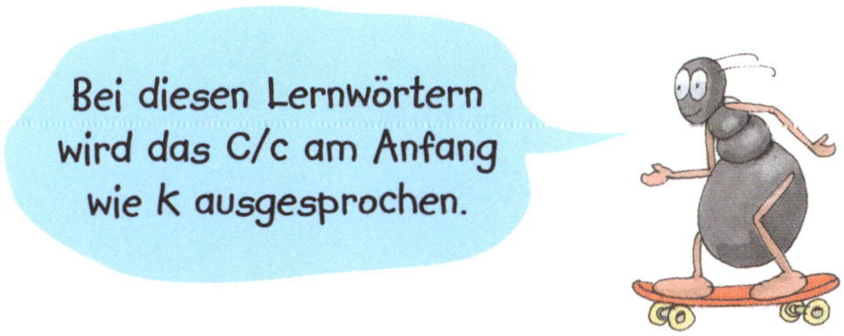

Wörter mit Dehnungs-h

Oft folgt auf einen lang gesprochenen Vokal (Selbstlaut) oder Umlaut ein **h**. Man nennt es **Dehnungs-h**. Das Dehnungs-h steht nur vor **l**, **m**, **n**, oder **r**. Du kannst es nicht hören. Wörter mit einem Dehnungs-h musst du lernen.

de**h**nen gä**h**nen das O**h**r

1 Die Höhle

Jakob und Till sind mit ihren Fahrrädern unterwegs. Plötzlich verdunkelt sich der Himmel. Ein Gewitter bahnt sich an. Das hat ihnen gerade noch gefehlt! Schnell fahren sie zu den Felsen. Kaum sind sie da, beginnt ein ungewöhnlich heftiges Gewitter. Da entdeckt Till einen Gang. Er führt in eine Höhle. Die beiden gehen hinein. Drinnen ist es sehr kühl und stockdunkel. „Lass uns umkehren“, flüstert Jakob. „Ohne Licht ist das zu gefährlich!“ Doch schon morgen wollen sie die Höhle mit Mama untersuchen.

81 Wörter

2 Beim Zahnarzt

Susanne hat Zahnschmerzen. Die Mutter ruft beim Zahnarzt an und bekommt einen Termin für zehn Uhr. Sie fahren mit der Bahn zur Praxis. Susanne hat Angst. Hoffentlich muss der Arzt nicht bohren! Sie setzt sich auf den Stuhl und der Zahnarzt schaut in ihren Mund. Er greift zum Bohrer. „Das haben wir gleich“, verkündet er fröhlich. Nach kurzer Zeit ist er fertig. Susanne strahlt: „Das war nicht schlimm.“

68 Wörter

Wörter mit silbentrennendem h

Treffen zwischen zwei Silben zwei Vokale (Selbstlaute) aufeinander, werden sie meist durch ein **silbentrennendes h** getrennt. Du kannst das h hören. Manche Formen musst du allerdings erst verlängern, damit du es hören kannst.

die Kuh – die Kü-**he** du stehst – ste-**hen** der Schuh – die Schu-**he**

1 Kurzdiktat

Gibt es auf dem Flohmarkt Flöhe?
Bei den Rehen trägt nur der Rehbock ein Geweih.
Glühwürmchen glühen nicht. Sie leuchten.
Der Frühling beginnt früher als erwartet.
Die Wäsche weht im Wind. Hoffentlich wehen die Socken nicht weg.
Tilda ist froh. Aber Lina ist froher.
In der Leihbücherei kannst du Bücher leihen.

51 Wörter

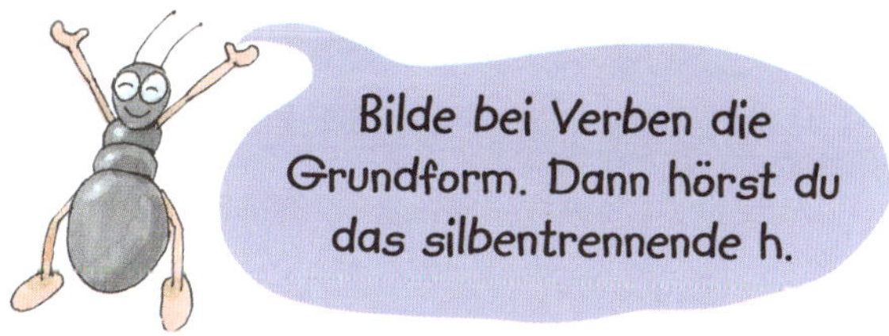

2 Auf dem Bauernhof

Früh am Morgen kräht der Hahn auf dem Bauernhof. Die Bauernfamilie steht auf und beginnt den Tag. Nach dem Frühstück geht der Bauer in den Kuhstall. Die Bäuerin mäht die Wiese hinter dem Hof. Später zieht sie mit dem Traktor den Anhänger in die Scheune. Sie schaut im Garten nach, ob etwas blüht. Dann verscheucht sie die neugierigen Krähen.

59 Wörter

Wörter mit ie

Die meisten Wörter mit lang gesprochenem **i** werden mit **ie** geschrieben.

das **Spiel** **zie**len das **Tier**

1 Ein Tag im Bett

Draußen spielen die Kinder | auf der Wiese. | Nur Mila | liegt krank im Bett. | Sie hat hohes Fieber | und muss oft niesen. | Papa kocht Mila | ihren Lieblingstee | und liest ihr | eine Geschichte vor. | Danach geht es Mila | schon viel besser. | Morgen ist sie | bestimmt wieder gesund!

45 Wörter

2 Die Riesen des Meeres

Der Blauwal ist das größte Tier der Erde. | Er taucht bis zu 300 Meter tief | und wiegt bis zu 136 Tonnen. | Das ist so viel | wie 30 Elefanten wiegen. | Am liebsten frisst er Plankton | und kleine Meerestiere. | An seinem Oberkiefer | hat er schmale Hornplatten, | die Barten. | Damit siebt er das Futter | aus dem Wasser.

54 Wörter

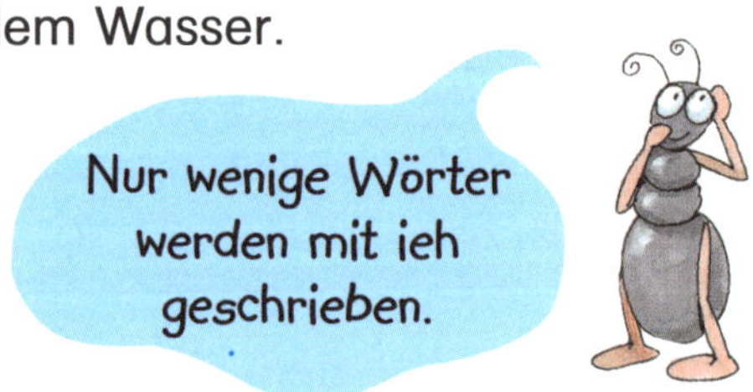

3 Kurzdiktat

Der Räuber stiehlt. | Das Vieh grast. | Das Pferd wiehert. | Der König befiehlt. | Das Wunder geschieht. | Der Schlittenhund zieht. | Das Kind sieht.

21 Wörter

Wörter mit langem i ohne Kennzeichnung

Es gibt nur wenige Wörter mit lang gesprochenem **i** ohne Kennzeichnung. Diese musst du dir merken.

der Delf**i**n   w**i**r   die L**i**monade   die Z**i**trone

1 Wer macht was?

Opa sitzt am Kamin | und hört Musik. | Mama schmökert | in einem Detektivroman. | Papa schaut einen spannenden Krimi. | Anna guckt einen Film | über Giraffen in Afrika. | Theo füttert seine Kaninchen. | Lara malt ein Bild | mit einem Delfin. | Suse streicht | ihr Zimmer lila. | Oma studiert | einen Artikel über Reptilien. | Wusstest du, | dass Krokodile bereits | zur Zeit der Dinosaurier lebten?

57 Wörter

2 Im Kino

Der Biber und der Igel | gehen ins Kino. | Der Igel kauft zwei Karten | und gibt dem Biber eine. | Der Biber besorgt Limonade. | „Hat es dir gefallen?“, | fragt der Biber nach dem Film. | „Ja“, sagt der Igel, | „wir sollten öfter ins Kino gehen!“

42 Wörter

Wörter mit doppeltem Vokal

Manche Wörter werden mit **aa**, **ee** oder **oo** geschrieben. Diese doppelten Vokale (Selbstlaute) werden lang gesprochen.

das **Haar** **leer** das **Moos**

1 Kurzdiktat

Das Paar tanzt | durch den Saal. |

Der Seemann fährt | mit dem Boot | aufs Meer hinaus. |

Der Schneemann | steht im Blumenbeet. |

Mama mag Kaffee | lieber als Tee. |

Im Zoo habe ich | langhaarige Affen gesehen.

33 Wörter

2 Die Fee im Moor

Opa hat Finn | eine Tasse Brombeertee gemacht. | Jetzt setzt er sich | mit seinem Kaffeebecher neben ihn | und erzählt eine Gruselgeschichte: | „Vor langer Zeit lebte eine böse Fee | am Rande des Moors. | Das Moor grenzte | an einen dunklen See. | Eines Tages traute sich | ein Angler mit seinem Ruderboot | auf den See. | Denn dort gab es viele Aale. | Doch die Fee zog ihn | an den Haaren ins Moor. | Das Boot blieb leer zurück.“ | Finn erschauert. | Gut, dass er im Warmen sitzt!

79 Wörter

Wörter mit doppeltem Konsonanten

Auf einen kurzen Vokal (Selbstlaut) oder Umlaut folgen meist **doppelte Konsonanten** (Mitlaute).

die Mutter hoffen satt

1 So ein Unsinn!

Alle Hennen | können schnell rennen. |

Mollige Grillen | wollen tolle Brillen. |

Die fette Ratte | wünscht sich ein Bett aus Watte. |

Der brummige Hummer | hat schlimmen Kummer. |

Die flotten Motten | müssen ständig spotten. |

Die dünnen Spinnen | wollen immer gewinnen.

37 Wörter

2 Echt gruselig!

Anne und Lotte | kommen an einer dunklen Hütte vorbei. | Der Wind rüttelt an den Fenstern. | Die Tür knallt auf und zu. | Eine wimmernde Stimme | ist zu hören. | Hinter einer Tanne | sehen sie einen dünnen Mann. | Plötzlich ertönt ein lauter Knall. | Ein Gerippe fällt aus der Tür! | Anne klammert sich an Lottes Arm. | Doch Lotte lacht: | „Das ist doch nur eine Puppe!“ | Anne muss einmal tief durchatmen. | So eine Geisterbahnfahrt | kann ganz schön gruselig sein!

74 Wörter

Wörter mit ck

Der Konsonant (Mitlaut) **k** wird in der Regel nicht verdoppelt. Meist folgen dann auf einen kurzen Vokal (Selbstlaut) oder Umlaut die Konsonanten **ck**.

die Mü**ck**e   we**ck**en   der Tri**ck**   schmü**ck**en

1 Leckerer Speck!

Die Maus steckt ihre Nase | aus der Hecke heraus. | Der Duft von Speck | lockt sie aus dem Versteck. | Das Speckstück muss in der Mülltonne sein! | Die Maus hat Glück, | denn der Deckel steht offen. | Aber was ist das? | Da hockt ein Kind | und guckt sich einen Regenwurm an. | Leise huscht die Maus | an ihm vorbei | und klettert in die Tonne. | Da ist ja das gute Stück! | Schmeckt das lecker!

69 Wörter

2 Zauberei?

Der Zauberer steckt einen Hasen | in seine Zauberkiste. | Geschickt schließt er den Deckel | und zückt seinen Zauberstab. | Dann öffnet er die Kiste. | Er holt einen tickenden Wecker, | eine gestreifte Socke, | eine dicke Kette | und eine Decke heraus. | Nur den Hasen kann niemand entdecken. | Alle staunen. | War das ein Trick | oder echte Zauberei?

52 Wörter

Wörter mit tz

Auch der Konsonant (Mitlaut) **z** wird in der Regel nicht verdoppelt. Meist folgen auf einen kurzen Vokal (Selbstlaut) oder Umlaut die Konsonanten **tz**.

die Mü**tz**e sit**z**en der Pla**tz** spi**tz**

1 Die Schatzsuche

Hanna und Adam | sind auf Schatzsuche. | Sie graben | unter dem Apfelbaum. | Hanna arbeitet | mit einer spitzen Hacke. | Adam buddelt | mit der Schaufel. | Plötzlich schreit Hanna auf: | Hat sie sich verletzt? | Nein, sie hat etwas gefunden! | Blitzschnell graben die Kinder weiter. | Jetzt können sie die Kiste | aus dem Loch ziehen. | Sie ist schwer | und die Kinder schwitzen. | Trotzdem schleppen sie | die Kiste zu ihrem Geheimplatz. | Vielleicht sind darin | blitzende Münzen?

69 Wörter

2 Ein heißer Tag

Tim und Moritz sitzen im Schatten. | „Ist das eine Hitze!“, | ruft Tim | und setzt seine Mütze ab. | „Sollen wir zum Badesee fahren?“ | „Das ist doch nur | eine schmutzige Pfütze!“, | motzt Moritz. | „Man müsste am Meer wohnen“. | „Oder man müsste ein Eisbär sein“, | witzelt Tim. | Aber Moritz findet das nicht komisch. | Wenn er nur an das Fell denkt, | beginnt er schon zu schwitzen!

62 Wörter

Wörter mit s am Ende

Der (s)-Laut kann stimmhaft wie in **Sonne** oder stimmlos wie in **Maus** klingen. Am Wortende klingt der (s)-Laut immer stimmlos. Hörst du nach dem Verlängern des Wortes ein stimmhaftes **s**, wird es mit **s** geschrieben.

eine Gan**s** – viele Gän**s**e   er lie**s**t – le**s**en

1 Kurzdiktat

Die Maus saust | um das Haus. |

Die Laus haust | in einem alten Koffer. |

Der Greis reist | gerne mit dem Zug. |

Der Hund rast | über das Gras. |

Der Wegweiser weist | uns den Weg.

32 Wörter

2 Die Glaskugel

Timo liegt im Gras | und liest ein Buch. | Es handelt von einem weisen Greis. | Der Alte kann die Zukunft | aus einer Glaskugel vorhersagen. | Und so reist er um die Welt | und speist mit mächtigen Königen, | die seine Weisheit loben. | Doch diese Macht hat einen hohen Preis. | Immer wenn der Greis | in die Kugel schaut, | wird sein Herz kalt wie Eis. | Atemlos blickt Timo auf. | Bevor er weiterliest, | braucht er eine Pause!

71 Wörter

Wörter mit ß

Ist der (s)-Laut nach einem langen Vokal (Selbstlaut) oder einem Doppellaut stimmlos, schreibst du meist ein **ß**. Steht der (s)-Laut am Wortende, kannst du das Wort verlängern, um die richtige Schreibweise herauszufinden.

gefrä**ß**ig heiß – hei**ß**er

1 Der weiße Blitz

Lena schließt die Haustür und geht auf die Straße. Da schießt ihr ein weißer Blitz entgegen und springt an ihr hoch. „Der beißt nicht!“, ruft eine Frau. „Er will dich nur begrüßen!“ „Das ist ja ein süßer Hund!“, ruft Lena. „Er heißt Herr Wuff“, antwortet die Frau. Lena lacht. Was für ein spaßiger Name!

54 Wörter

2 Ein verregneter Tag

Draußen gießt es in Strömen. Karim sitzt drinnen und weiß nicht, was er machen soll. Eigentlich wollte er Fußball spielen. Aber nun ist das Wetter so scheußlich. Karim schließt die Augen. Er stellt sich vor, er wäre ein großer Fußballer und alle würden ihm zujubeln. Da beschließt er, doch auf den Fußballplatz zu gehen. Schließlich spielen echte Profis auch im Regen.

61 Wörter

Wörter mit ss

Folgt auf einen kurzen Vokal (Selbstlaut) oder Umlaut ein stimmloser (s)-Laut, schreibst du meistens **ss**.

der Ri**ss** wi**ss**en die Ta**ss**e der Rü**ss**el

1 Bei den Elefanten

Die Klasse 3a | steht vor dem Elefantengehege. | Gerade taucht ein Elefant | den Rüssel ins Wasser | und spritzt sich genüsslich nass. | Da kommt der Pfleger | mit einem Fass voller Obst und Nüsse. | Ein Leckerbissen für die Tiere! | „Dürfen wir mal ein Tier anfassen?“, | will einer der Schüler wissen. | Der Pfleger nickt freundlich | und führt einen Elefanten an das Gitter. | Geduldig lässt er sich streicheln. | Die Schüler sind sich einig: | Das ist viel besser als Schule.

74 Wörter

2 Wo steckt Moppel?

Lina sitzt im Garten und isst Kuchen. | Plötzlich hört sie Finn schreien: | „Moppel ist weg!“ | Schnell rennt sie zum Kaninchenstall. | Die Tür ist geschlossen. | Aber wo steckt Moppel? | „Hoffentlich ist ihm nichts passiert“, | jammert Finn. | Da entdeckt Lina | einen Riss in der Drahttür. | Durch den muss Moppel entwischt sein. | „Lass uns im Garten | nach ihm suchen!“, | schlägt sie vor. | Und richtig! | Finn findet Moppel im Gemüsebeet. | Er frisst eine Möhre. | Die Kinder lachen. | Typisch Moppel!

75 Wörter

Wörter mit ß und mit ss

Sowohl **ss** als auch **ß** werden **stimmlos** gesprochen. Du kannst aber leicht unterscheiden, wann ein Wort mit **ss** und wann es mit **ß** geschrieben wird: Ein **ss** kann nur nach einem kurzen Vokal (Selbstlaut) stehen. Das **ß** steht nur nach einem langen Vokal oder nach einem Doppellaut.

der Ku**ss**	na**ss**	wi**ss**en
der Spa**ß**	sü**ß**	wei**ß**

1 Kurzdiktat

Gestern aß ich | ein leckeres Essen. |
Anne misst die Länge | mit einem Metermaß. |
Suse beißt einen Bissen | von ihrem Brot ab. |
Ich weiß es nicht | und ich will es auch | gar nicht wissen!

33 Wörter

2 So ein Pechvogel!

Familie Klein sitzt beim Abendessen. | Als Kai nach dem Messer greift, | stößt er die Teekanne um. | Der Tee fließt über den Tisch | und auf seinen Schoß. | Zum Glück ist er nicht mehr heiß! | Aber alles ist nass! | Schnell springt er auf, | um einen Lappen zu holen. | Dabei reißt er den Stuhl um, | der polternd umfällt. | „Musst du immer | so ein Chaos anrichten?“, | stöhnt Kais Mutter. | „Pass doch besser auf!“ | Doch dann lächelt sie. | „So schlimm ist es ja auch nicht.“

80 Wörter

Die Vorsilben ver- und vor-

Vorsilben können die Bedeutung von Wörtern verändern.
Die Vorsilben **Ver-/ver-** und **Vor-/vor-** kommen sehr häufig vor.

verlieren **ver**stecken **vor**lesen **vor**gehen

1 Wo ist Omas Brille?

Oma möchte Emilia | eine Geschichte vorlesen, | aber sie hat ihre Brille verlegt. | Liegt sie unter der Wolle vergraben? | Oder hat Oma sie | in der Küche vergessen? | Vielleicht wird sie | von der Zeitung verdeckt? | Oma verzweifelt. | Wo ist die Brille nur? | Sie kann doch nicht | verschwunden sein! | Emilia versucht es | im Wohnzimmer. | Und richtig! | Die Brille verbirgt sich | hinter dem Sofa! | Zum Glück geht bei Oma | nichts verloren!

67 Wörter

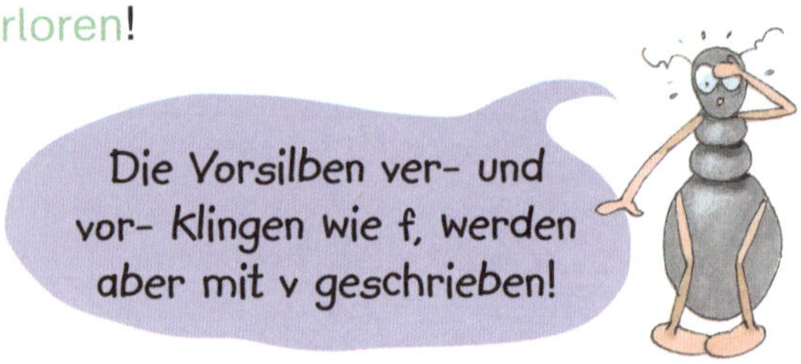

2 Das Wildkaninchen

Wildkaninchen kommen | in Europa häufig vor. | Allerdings werden die flinken Tiere | oft mit Hasen verwechselt. | Sie sind aber kleiner | und leichter. | Den Tag verbringt das Kaninchen | meist in seinem Bau | unter der Erde. | Hier ist es gut | vor Feinden versteckt. | Erst am Abend | verlässt es den Bau | und geht auf Futtersuche. | Die meisten Eingänge liegen | gut im Gebüsch verborgen. | So können sie | schnell darin verschwinden, | wenn die Tiere | von einem Feind | verfolgt werden.

73 Wörter

Die Vorsilben zer-, aus-, be- und ab-

Auch die Vorsilben **zer-**, **aus-**, **be-** und **ab-** können die Bedeutung eines Wortes verändern.

zerschlagen **aus**malen **be**laden **ab**hauen

Beim Verwenden von Vorsilben treffen manchmal zwei gleiche Buchstaben aufeinander. Darauf musst du beim Schreiben achten.

ze**rr**eden au**ss**etzen b**ee**rdigen a**bb**auen

1 Kurzdiktat

Wir müssen die Bude abbauen. |

Milan will den Streit beenden. |

Julia kann Rosenkohl | nicht ausstehen. |

Jonas will den toten Vogel beerdigen. |

Susanne zerreißt | wütend den Brief.

26 Wörter

2 Der Bankraub

Olli und Knolle wollen | eine Bank ausrauben. | Olli hat sich den Plan ausgedacht. | Knolle hat das Werkzeug besorgt. | Am Abend sitzen sie im Auto. | Als sie aussteigen wollen, | hält ein Polizeiauto | vor der Tür. | „Lass uns abhauen“, | brummt Olli. | Doch Knolle will noch abwarten. | Als das Polizeiauto endlich abfährt, | zerschlagen sie die Scheibe | und knacken den Tresor. | Dann wird das Auto | mit der Beute beladen. | Das war ein gelungener Raubzug!

70 Wörter

Die Nachsilben -ung, -heit, -keit, -schaft

Die Nachsilben **-ung**, **-heit**, **-keit** und **-schaft** kennzeichnen Nomen (Namenwörter). Wörter mit diesen Nachsilben werden großgeschrieben.

die Wohn**ung** die Wahr**heit** die Sauber**keit**
die Feind**schaft**

1 Vaters Erzählung

Familie Richter fährt zu einer Burgenbesichtigung. Im Auto belehrt Herr Richter seine Familie: „Früher herrschte Feindschaft zwischen dem Burggrafen und dem Fürsten aus der Nachbarschaft. Aus Eitelkeit und Bosheit wollte jedoch keiner einlenken. Es kam zu einer Belagerung. Der Fürst siegte und übernahm die Herrschaft über das Reich.“ Da unterbricht ihn Frau Richter: „Mussten wir an der Kreuzung nicht abbiegen?“ Herr Richter erschrickt: „Ich muss wohl dem Weg etwas mehr Aufmerksamkeit schenken!“

72 Wörter

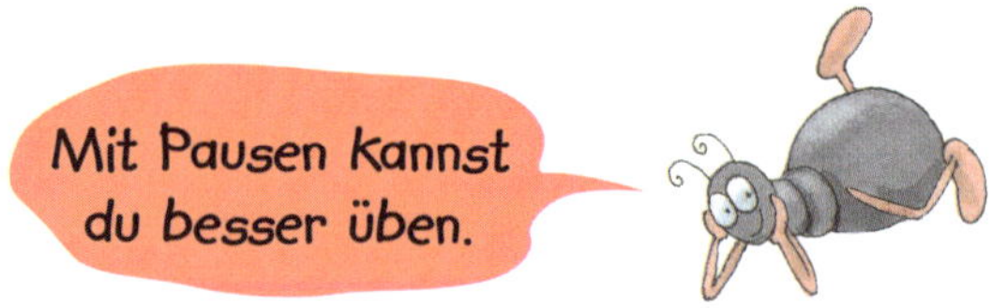

2 Prinz Anne

Prinzessin Anne ärgert sich. Alle reden immer nur über die Schönheit einer Prinzessin. Sie will viel lieber ein Prinz sein! Alle würden ihre Tapferkeit und Klugheit loben, wenn sie böse Drachen erlegt. Sie würde Freundschaft mit den Zwergen schließen und ihr Reich in alle Richtungen erkunden. Auf ihrem Pferd würde sie durch die Landschaft reiten und für Gerechtigkeit und Ordnung sorgen. Deshalb will sie von jetzt an auch Prinz Anne heißen.

71 Wörter

Die Nachsilben -in und -nis

Die Nachsilben **-in** und **-nis** kennzeichnen Nomen (Namenwörter) und werden immer großgeschrieben. Die Nachsilbe **-in** drückt außerdem aus, dass jemand weiblich ist. In der Mehrzahl verändern sich die Nachsilben. Aus **-in** wird **-innen** und aus **-nis** wird **-nisse**.

die Lehrer**in** – die Lehrer**innen**
das Ereig**nis** – die Ereig**nisse**

1 So viele Berufe!

Tina überlegt, was sie später werden will: Sie könnte Pilotin werden oder Rennfahrerin. Das wäre ein großes Wagnis. Oder vielleicht Ärztin? Sie findet auch Tänzerinnen toll, aber die müssen ständig trainieren. Im Zoo hat sie zwei Tierpflegerinnen bei der Arbeit gesehen. Ob das ein Beruf für sie wäre?

48 Wörter

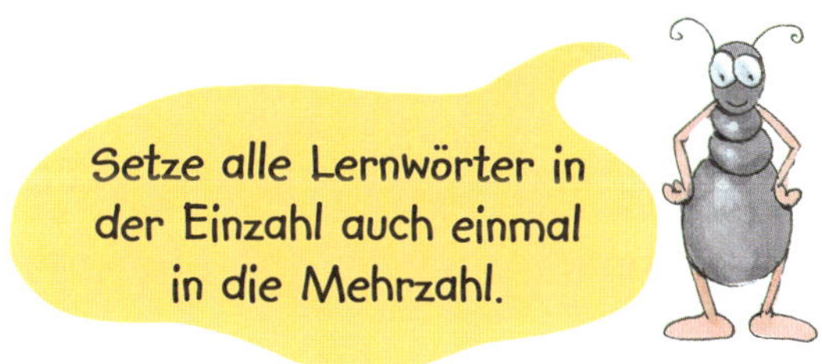

2 Der Brief

Die Lehrerin zeigt der Klasse einen Brief. Sie macht ein großes Geheimnis aus dem Inhalt. Dann liest sie ihn aber doch vor: „Liebe Schülerinnen und Schüler der Klasse 3b, hiermit erhaltet ihr die Ergebnisse vom Wettkampf der jungen Forscherinnen und Forscher. Ihr habt alle Hindernisse beim Lösen der Aufgaben überwunden. Eure Kenntnisse waren sehr gut. Deshalb habt ihr den 1. Platz belegt.“ Die Klasse jubelt. Was für ein Ergebnis!

69 Wörter

Die Nachsilben -ig, -isch, -lich

Die Nachsilben **-ig**, **-isch** und **-lich** kennzeichnen Adjektive (Wiewörter). Wörter mit diesen Endungen schreibst du klein. Die Endungen klingen oft ähnlich. Wenn du dir unsicher bist, kannst du das Wort verlängern. Dann hörst du genau, welche Endung es hat.

lust**ig** – lust**iger** kom**isch** – kom**ischer**
wunder**lich** – wunder**licher**

1 Kurzdiktat

Der Dieb freut sich diebisch. | Der Verräter benimmt sich verräterisch. | Beim Sport trägt der Sportler | sportliche Kleidung. | Der Angeber sagt angeberische Sachen.

22 Wörter

2 Kurzdiktat

fröhlich | traurig | rundlich | geizig | eckig | komisch | sportlich | witzig | freundlich | unheimlich | tierisch | verschwenderisch

12 Wörter

3 Der Zirkusbesuch

Marie und Jan besuchen eine Zirkusvorstellung. | Den dummen Anton finden die Kinder lustig. | Bei der gefährlichen Löwennummer | halten sie den Atem an. | Als die mutige Frau | sich eine giftige Schlange um den Hals legt, | hält Marie sich ängstlich die Augen zu. | Die herrliche Seiltänzerin | findet sie aber großartig. | Jan fand die schwierigen Kunststücke | der <u>Akrobaten</u> am besten.

57 Wörter

Wortfamilien: lesen und denken

Wörter aus einer **Wortfamilie** haben den gleichen Wortstamm. Deshalb werden sie meist gleich geschrieben. Der Stamm kann sich aber auch verändern.

lesen – der **Les**er – aber: sie **las**
denken – aber: der Ge**dank**e – das Ge**dächt**nis

1 Aus dem Leben einer Leseratte

Die Leseratte wohnt im Lesesaal der Bücherei. Meist versteckt sie sich hinter den alten Büchern. Viele davon sind kaum noch lesbar. Die Schrift ist verblasst und deshalb unleserlich geworden. Die Ratte beobachtet die Leserinnen und Leser. Manche wollen nur schnell etwas nachlesen. Andere machen es sich mit ihrem Lesestoff gemütlich. Am schönsten findet es die Leseratte, wenn vorgelesen wird. Denn dann erfährt sie endlich, was in den Büchern steht.

69 Wörter

2 Die Denkmaschine

Moritz denkt nach. Er bastelt gerade an einer Denkmaschine. Das kleine Gerät passt in jedes Ohr. Es löst blitzschnell alle denkbaren Aufgaben. Wenn ein Schüler in der Schule aufgerufen wird, flüstert es ihm die Antwort vor. Kein Lehrer wird es bemerken. Alle Schüler werden ihn als großen Denker feiern. Auf dem Schulhof werden sie ihm ein Denkmal bauen! Doch etwas stimmt noch nicht mit der Maschine. Nachdenklich kratzt er sich am Kopf. Davon wacht er auf. Schade.

77 Wörter

Zusammengesetzte Nomen

Zwei Nomen (Namenwörter) kannst du oft zu einem Namenwort zusammensetzen. Das erste Wort bestimmt das zweite näher. **Zusammengesetzte Nomen** schreibst du groß.

der **Regen** + der **Wurm** = der **Regenwurm**
der **Kuchen** + die **Form** = die **Kuchenform**

1 Wie entsteht ein Regenbogen?

Hannah und Lilli sitzen im Baumhaus und beobachten Regenwolken. Plötzlich bricht die Wolkendecke auf und ein Sonnenstrahl ist zu sehen. „Schau mal, ein Regenbogen!“, ruft Hannah. „Weißt du, wie er entsteht?“ Lilli schüttelt den Kopf. Hannah erklärt: „Das weiße Sonnenlicht besteht eigentlich aus vielen Farben. Wenn ein Lichtstrahl auf die Regentropfen fällt, kannst du die einzelnen Farben sehen. Regenbogen entstehen auch an einem Wasserfall oder du kannst sie mit einem Gartenschlauch selber machen.“

73 Wörter

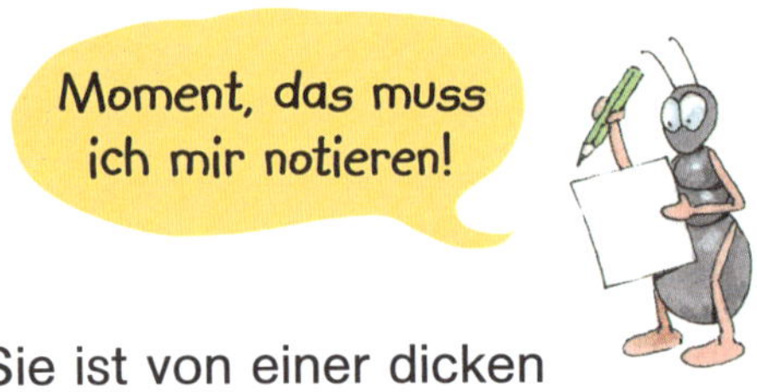

2 Auf der Ritterburg

Die 3b besucht eine Ritterburg. Sie ist von einer dicken Schutzmauer und einem Burggraben umgeben. Es gibt sogar eine Zugbrücke! Der Burgherr zeigt den Kindern den Pferdestall und den Kräutergarten. Im Speisesaal bewundern sie eine glänzende Ritterrüstung. Auch in die Waffenkammer dürfen sie gucken. Dann geht es die Steinstufen hinauf auf den Burgturm. Am Ende lädt der Burgherr die Klasse zu einem Festmahl ein und alle essen mit den Fingern. Wie die Ritter!

73 Wörter

Zusammengesetzte Nomen mit Fugen-s

Manchmal kann bei einem zusammengesetzten Nomen (Namenwort) ein **s** zwischen den beiden Nomen stehen. Man nennt es **Fugen-s**.

der Schiff**s**motor   der Könige**s**tiger

1 Der Geburtstag

Die Königstochter sitzt in ihrem Arbeitszimmer und schreibt Einladungskarten. Am Sonntag hat sie Geburtstag und sie will ihre Freunde zu ihrer Geburtstagsfeier einladen. Ihre Mutter hat bei der Bäckersfrau schon eine Geburtstagstorte und ihren Lieblingskuchen bestellt. Außerdem plant sie eine Bootsfahrt mit dem königlichen Schiff. Ihr Vater hat auch einen Überraschungsgast angekündigt. Wer das wohl sein mag?

57 Wörter

2 Der geheimnisvolle Brief

Familie Moser sitzt am Frühstückstisch. Da klingelt es an der Wohnungstür. Es ist der Postbote. In der Hand hält er einen Briefumschlag für Lisa. „Hast du eine Brieffreundin?“, fragt Frau Moser. „Das ist bestimmt ein Liebesbrief“, brüllt Lisas Bruder. Lisa reißt den Briefumschlag auf. Es ist eine Glückwunschkarte mit zwei Kinokarten darin. Lisa strahlt. Sie hat beim Zeitungsrätsel mitgemacht und den ersten Preis gewonnen!

64 Wörter

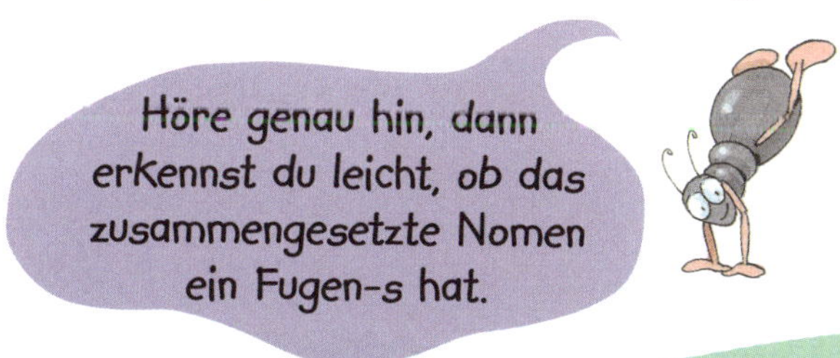

Zusammengesetzte Adjektive

Adjektive (Wiewörter) können aus verschiedenen Wörtern zusammengesetzt sein.

Nomen + **Adjektiv**:	das Wasser + scheu = wasserscheu
Adjektiv + **Adjektiv**:	laut + stark = lautstark
Verb + **Adjektiv**:	laufen + faul = lauffaul

Zusammengesetzte Adjektive schreibst du klein.

1 Entweder … oder?

Rabenschwarz oder blütenweiß, | bitterkalt oder glühheiß, | sternenklar oder wolkenreich, | knochenhart oder kuschelweich, | federleicht oder tonnenschwer? | Jetzt hör auf, ich kann nicht mehr!

22 Wörter

2 Der Geschichtenerzähler

Onkel Paul wohnt | in einem windschiefen Haus. | Wir besuchen ihn oft. | Wenn wir dann mäuschenstill | auf seinem feuerroten Sofa sitzen, | beginnt er zu erzählen: | von wunderschönen Prinzessinnen | und bitterbösen Raubrittern, | von todesmutigen Helden | und schießwütigen Piraten, | von bärenstarken Riesen | und geheimnisvollen Zauberern. | Manche Geschichten sind tieftraurig, | bei anderen lachen wir pausenlos. | Die Zeit bei Onkel Paul | geht immer blitzschnell um. | Oft ist es schon stockdunkel, | wenn wir nach Hause gehen!

70 Wörter

Wörter trennen

Zusammengesetzte Wörter und Wörter mit einer Vorsilbe kannst du in ihre Wortbausteine zerlegen.

das Fahr-rad tag-hell der Vor-fall

Wörter, die aus mehreren Silben bestehen, kannst du nach Sprechsilben trennen.

die Ta-schen-lam-pe der Kö-nigs-ti-ger

1 Kurzdiktat

der Wasch-bär | der Ver-dacht | das Rühr-ei | hell-blau |
die Uhr-zeit | stein-hart | das Baum-haus | die Spitz-maus

14 Wörter

2 Kurzdiktat

der Zau-ber-stab | hun-de-mü-de | die Wun-der-tü-te |
das Schna-bel-tier | der Höh-len-for-scher | das Erd-beer-eis

11 Wörter

3 Der wundersame Wald

Im ma-gi-schen Wald | le-ben selt-sa-me We-sen: | klei-ne Zwer-ge | mit lan-gen Na-sen, | gro-ße Rie-sen | mit ra-ben-schwar-zen Bär-ten, | schnee-wei-ße Ein-hör-ner | und zar-te El-fen | mit hell-grü-nen Flü-geln. | Auch bun-te Vö-gel | in den Far-ben des Re-gen-bo-gens | le-ben dort. | Doch wenn ein Mensch | in den Zau-ber-wald ge-rät, | ver-schwin-den die We-sen blitz-schnell. | Des-halb hat noch nie-mand | sie je-mals ge-se-hen. | Scha-de!

54 Wörter

Wörter mit doppelten Konsonanten trennen

Auch Wörter mit **doppelten Konsonanten** (Mitlauten) kannst du nach Sprechsilben trennen. Du trennst das Wort dann zwischen den beiden Konsonanten.

das Zi**m**-**m**er   dü**n**-**n**e   bru**m**-**m**en

1 Am Meer

Es ist Som-mer. Familie Klein verbringt den Tag am Strand. Sara und Jonas sam-meln Muscheln. Sie bud-deln ein Loch und kip-pen sie hinein. Später wol-len sie ein Muschelbild legen. Die Zwil-linge schwim-men im Was-ser. Jetzt kom-men sie heraus und ren-nen vor Kälte zit-ternd durch die Son-ne. „Das waren klas-se Wel-len!“, rufen sie. Die Mut-ter liegt im Schat-ten. „Sol-len wir gleich Würstchen gril-len?“, will der Vater wis-sen.

66 Wörter

2 Im Keller

Nora will Ten-nis spielen, aber sie findet die Bäl-le nicht. „In der Kiste im Kel-ler müs-sen welche sein“, meint die Mut-ter. Hinter einer Kan-ne und einer Pap-pe findet sie die Kiste. Daneben sitzt eine Spin-ne mit dün-nen Beinen. In ihrem Netz zap-pelt eine Fliege. Nora schüt-telt sich. Sie mag Spin-nen nicht. Sie wühlt in der Kiste. Da sind die Bäl-le ja! Nora rennt die Trep-pe hoch. Jetzt aber schnell!

69 Wörter

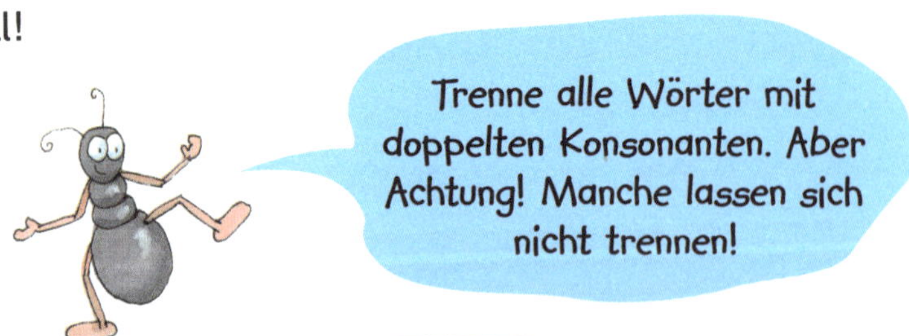

Wörter mit tz, pf und st trennen

Wörter mit **tz**, **pf** oder **st** in der Mitte trennst du so:

sit-**zen** stop-**fen** die Äs-**te**

Bei zusammengesetzten Wörtern trennst du jedoch meistens nach Wortbausteinen:

plö**tz**-lich das Tö**pf**-chen kö**st**-lich

1 Ein Wintertag 

Es hat geschneit. Die Äs-te der Bäume sind voller Schnee. Joris und Mia schlüp-fen in ihre Winterausrüs-tung und set-zen ihre Müt-zen auf. Dann stap-fen sie durch den Schnee zum Rodelberg. Sie set-zen sich auf den Schlitten und los geht die wüs-te Fahrt! Unten klop-fen sich die beiden den Schnee von den Jacken. Joris jubelt: „Das war spit-ze!“

57 Wörter

Übe in den Diktaten nur das Trennen von tz, pf und st.

2 Der Piratenschatz

Am Himmel glit-zern nur wenige Sterne, als ein Schiff an der Küs-te anlegt. Die Piraten gehen an Land! Die Männer sind mit schweren Kis-ten beladen und stap-fen durch den Sand. Sie wollen ihre Schät-ze vergraben. „Hier ist eine gute Stelle“, flüs-tert einer. Neben einem Baum graben sie ein Loch, stop-fen die Kis-ten hinein und schütten es wieder zu. Zum Schluss rit-zen sie mit der Messerspit-ze ein Zeichen in den Baumstamm. Dann verschwinden sie wieder in der Dunkelheit.

77 Wörter

Wörter mit ck, ch und sch trennen

Wenn du Wörter mit **ck**, **ch** oder **sch** trennen willst, bleiben diese Buchstaben immer zusammen.

die So-**ck**e die Wo-**ch**e die Mu-**sch**el

1 Kurzdiktat

Die Mäd-chen ki-chern | und tu-scheln. |
Die Wäch-ter bre-chen | in Ge-läch-ter aus. |
Die Dra-chen | er-wa-chen in der Nacht. |
Die Wa-chen la-chen, | bis die Balken kra-chen. |
Kannst du So-cken | aus di-cker Wolle stri-cken? |
Ein Mü-cken-stich | kann schreck-lich ju-cken.

36 Wörter

2 Die Pilzsuche

Am Wo-chen-en-de gehen Karl und sein Vater | in den Wald. | Sie su-chen nach Pilzen. | „Da hinten stehen | ganz di-cke Pilze!“, | ruft Karl. | Sie bü-cken sich | und be-trach-ten sie genauer. | Da sieht Karl zwei Schne-cken, | die auf den Pilzen ho-cken. | Vor-sich-tig setzt er sie | unter die Sträu-cher. | Dann pflü-cken sie die Pilze | und ste-cken sie in ihre Ta-schen. | Nach ein paar Stunden | ma-chen sie sich auf den Heimweg. | Später werden sie die Pilze put-zen | und eine le-cke-re Pilzpfanne ko-chen.

78 Wörter

Aufforderungssatz und Ausrufesatz

Aufforderungssätze und **Ausrufesätze** enden immer mit einem **Ausrufezeichen**.

Pass auf! Vorsicht! Igitt! Wie schön!

1 Punkt oder Ausrufezeichen?

Ich gehe in die Schule. Geh mir aus dem Weg! Laufen macht mir keinen Spaß. Lauf schneller! So ein Pech! Sie haben Pech gehabt. Autsch! Anne hat sich gestoßen. Oskar ekelt sich vor Spinnen. Wie eklig! Mia geht raus. Raus hier!

41 Wörter

2 Adam sitzt fest

Adam ist auf einen Baum geklettert. Da ruft ihn seine Mutter: „Komm runter! Wir essen jetzt." „Schon unterwegs!", brüllt Adam zurück. Doch so leicht ist das nicht. Denn Adams Hose hängt an einem Ast fest. „Hilfe!", schreit er. „Ich hänge fest!" Er zerrt am Hosenbein. Er flucht laut: „So ein Mist!" Da reißt der Stoff und Adam ist frei. Was für ein Glück! Er klettert herunter. Als die Mutter die Hose sieht, ruft sie: „Oh nein, nicht schon wieder!"

79 Wörter

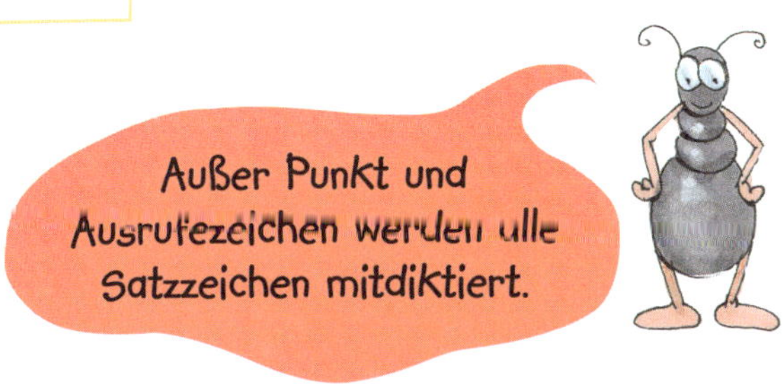

Fragesatz

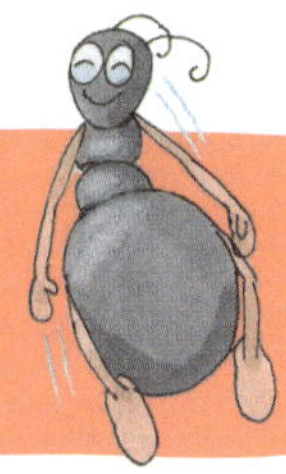

Fragesätze enden immer mit einem **Fragezeichen**.

Was ist das**?** Kommst du mit**?**

1 Flugzeugfragen

Milan ist zum ersten Mal mit einem Flugzeug geflogen. Jetzt hat er eine Menge Fragen: Warum kann ein Flugzeug fliegen? Wieso ist es in großer Höhe so kalt? Wie findet der Pilot den Weg? Können auch Tiere mitfliegen? Gibt es Flugzeuge, die auf dem Wasser landen können? Und kann er auch Pilot werden? Seine Mutter seufzt. Woher soll sie das denn alles wissen? Sein Vater lacht: „Am besten kaufen wir dir ein Buch über Flugzeuge."

75 Wörter

2 Ein Besuch im Zoo

Florian und Lisa sind Reporter für eine Kinderzeitung. Heute möchten sie ein Interview mit dem Zoodirektor führen. Sie haben sich viele Fragen ausgedacht. Wie viele Tiere leben im Zoo? Hat der Direktor ein Lieblingstier? Leben hier auch Tiere, die nicht im Zoo geboren wurden? Kennt er die Namen aller Tierarten? Und wie wird man überhaupt Zoodirektor? Florian und Lisa freuen sich schon sehr auf den Zoobesuch. Ob sie dann auch mal ein Tier streicheln können?

75 Wörter

Wörtliche Rede mit vorangestelltem Begleitsatz

In der **wörtlichen Rede** wird wiedergegeben, was jemand sagt oder denkt. Am Anfang und am Ende der wörtlichen Rede stehen Anführungszeichen und Schlusszeichen. Oft steht vor der wörtlichen Rede noch ein Begleitsatz. Er sagt aus, wer spricht oder wer sich etwas denkt. Der Begleitsatz endet mit einem Doppelpunkt.

Peter sagt**:** **„**Ich kann Hausaufgaben nicht leiden.**“**

1 Vor der Schulstunde

Lasse fragt: „Wer kann mir ein Lineal leihen?“ Suse schreit: „Lass mich in Ruhe!“ Lisa beschwert sich: „Wir haben zu viele Hausaufgaben auf!“ Max stöhnt: „Ich habe das nicht verstanden.“ Lara fragt: „Ist Rosa krank?“

35 Wörter

2 Was machen wir?

Die Kinder überlegen, was sie unternehmen können. Suse schlägt vor: „Lasst uns schwimmen gehen.“ Aber Anton widerspricht: „Ich habe keine Badehose mit.“ Lena meint: „Wir können Ball spielen.“ Doch Theo nörgelt: „Das machen wir fast jeden Tag.“ Da sagt Lukas: „Wir erkunden die alte Hütte im Wald.“ Die Kinder rufen: „Das ist eine super Idee!“ Nur Theo fragt ängstlich: „Ist das nicht gefährlich?“ Aber da schreien alle zusammen: „Überhaupt nicht!“

70 Wörter

Wörtliche Rede mit nachgestelltem Begleitsatz

Der Begleitsatz kann bei der **wörtlichen Rede** auch hinter dem Gesagten stehen. Dann setzt du hinter das Schlusszeichen ein Komma. Endet die wörtliche Rede mit einem Punkt, musst du diesen weglassen.

„Ich gehe ins Schwimmbad**“,** sagt Lina.

Fragezeichen und Ausrufezeichen werden aber gesetzt.

„Kommst du mit**?“,** fragt Paul.
„Seid pünktlich zurück**!“,** ruft Papa.

1 Das Klassenfest

Die 3b plant ein Klassenfest. „Wir feiern auf dem Spielplatz“, bestimmt Thilo. „Wer kümmert sich um die Getränke?“, fragt Nora. „Wir brauchen Salate und Brot“, ergänzt Nino. „Gibt es auch Musik?“ will Jonas wissen. „Wir können Spiele vorbereiten“, schlägt Murat vor. „Seid mal ruhig!“, ruft der Lehrer. Er geht an die Tafel und schreibt die Vorschläge auf.

57 Wörter

2 Hinter der Bühne

Die Klasse 3a führt heute ein Theaterstück auf. Gleich beginnt die Vorstellung. „Wo ist mein Kleid?“, jammert Anne. „Vorhang runter!“, schreit Paul. „Pass auf den Scheinwerfer auf!“, warnt Kai. „Ich habe meinen Text vergessen“, stöhnt Jan. „Wann geht es endlich los?“, fragt Tamara. „Keine Sorge!“, ruft die Lehrerin.

48 Wörter